LA POLITIQUE

DES INTÉRÊTS

— DISCOURS DE LYON —

AVEC UNE PRÉFACE INÉDITE

PAR

LÉON SAY

PARIS

CALMANN LÉVY, ÉDITEUR

RUE AUBER, 3, ET BOULEVARD DES ITALIENS, 15

A LA LIBRAIRIE NOUVELLE

—

1883

LA POLITIQUE
DES INTÉRÊTS

LA POLITIQUE

DES INTÉRÊTS

— DISCOURS DE LYON —

AVEC UNE PRÉFACE INÉDITE

PAR

LÉON SAY

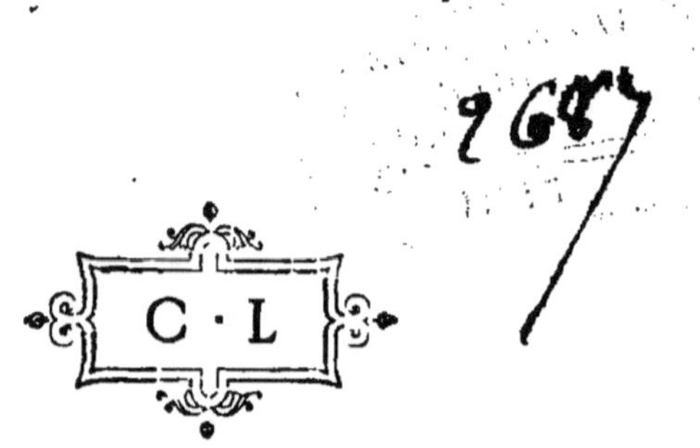

PARIS

CALMANN LÉVY ÉDITEUR

ANCIENNE MAISON MICHEL LÉVY FRÈRES

3, RUE AUBER, 3

1883

PRÉFACE

J'ai parlé deux fois à Lyon : la première fois devant les membres d'une Société savante qui produit des travaux très remarquables d'économie politique et la seconde fois devant les membres de la Chambre de commerce et les représentants très nombreux de l'industrie et du commerce de Lyon.

Mes discours sont différents, mais ils procèdent de la même idée, c'est-à-dire de la pensée qu'il existe des rapports nécessaires entre la politique et l'économie politique.

Comment doivent être établis ces rapports et quel est le programme politique qui peut sortir naturellement de l'étude des conditions économiques du pays, c'est ce que j'ai voulu indiquer par les paroles que j'ai prononcées.

J'ai conclu d'une part à la nécessité de ne pas exagérer l'intervention de l'État dans les affaires privées et d'autre part à la nécessité de créer une atmosphère politique au milieu de laquelle les intérêts puissent trouver la sécurité dont ils ont besoin.

J'ai ajouté que ce que j'ai appelé le budget de l'industrie et du commerce ne pouvait retrouver son équilibre que le jour où le budget de l'État pourrait établir le sien sur des bases normales.

Ce que j'ai dit à Lyon, je l'ai dit à la veille du jour où le socialisme va peut-être faire une entrée solennelle dans le Parlement sous la forme d'un projet de loyers à prix réduit.

C'est une intervention de l'État dans les affaires privées, intervention ouverte, franche et malheureusement illimitée dans ses conséquences. L'État met une enseigne à ses lois : « Ici on loge à pied et à cheval. »

Sous peu de jours, on va, dans le Parlement et dans la presse, afficher avec éclat la doctrine du rôle prépondérant de l'État dans la démocratie moderne. C'est pour le fond et pour la forme, comme remède et comme discussion, le contraire de ce qu'il faut pour créer l'atmosphère de calme politique et de tranquillité économique si nécessaire aux intérêts.

On ne trouvera nulle part de définition satisfaisante du rôle naturel de l'État dans la société et on n'a jamais tracé la limite précise qui sépare la province de l'État, de celle de l'initiative individuelle. On sait bien que cette limite existe, qu'il est très imprudent de la franchir, mais il faut reconnaître qu'on ne peut pas, et qu'on ne pourra jamais la déterminer avec exactitude. Il est même certain que cette limite se déplace et on peut admettre que le rôle de l'État est et doit être plus étendu dans les sociétés démocratiques que dans les autres.

Aussi faudrait-il être bien osé pour dire à l'État quand il met le pied sur un nouveau terrain : tu n'iras pas plus loin. Ce qu'on peut lui dire sans crainte de le tromper ni de se tromper, c'est que les pas qu'il fait sur un terrain nouveau sont toujours dangereux, et doivent être mesurés avec une prudence extrême.

L'État est une expression dont le sens varie avec ceux qui l'emploient car chacun l'entend à sa manière. Le gouvernement dit « l'État c'est moi »; les majorités dans les chambres prennent la définition à leur compte et chacun croit servir l'État en se servant soi-même. Ce qu'on lui donne d'attributions n'est qu'une extension de ses propres moyens d'actions; comment trouver mauvais ce qui nous grandit, et n'a-t-on pas des dispositions à se grandir, quand on se considère comme les maîtres de ceux dont on est chargé de faire les affaires.

Humboldt a écrit ces lignes : « Il est difficile de ne promulguer que des lois nécessaires, de rester à jamais fidèle à ce principe vraiment constitutionnel de la société, de se mettre en garde contre la fureur de gouverner, la plus funeste maladie des gouvernements modernes[1]. »

Cette fureur de gouverner se donne carrière en ce moment dans la question des loyers, il faut s'en affliger car on se prépare des mécomptes et on risque d'aggraver une crise économique qu'on avait le dessein de faire disparaître.

La question des loyers de Paris est certainement une question d'une gravité particulière. L'élévation des prix est croissante et la raison de cette élévation est complexe.

On peut en trouver l'origine d'abord dans le prix de revient de la construction des maisons, et ensuite dans le prix des terrains qui se vendent de plus en plus cher parce que tout le monde veut s'établir sur les mêmes lieux, pour être les premiers placés sur les points les plus commodes et le plus à portée des affaires.

L'augmentation du prix de revient de la construction des maisons tient à l'augmentation du prix de la main-d'œuvre et l'augmentation du prix de la main-d'œuvre a dans une certaine mesure sa source dans l'augmentation du prix de la vie par suite de l'élévation du tarif des impôts de consommation. Ajoutez à ces causes l'exagération de la quantité des travaux due aux spéculations de l'industrie du bâtiment et

---

1. Cette phrase de Humboldt a servi d'épigraphe à l'excellent ouvrage de M. Edmond Villey sur le rôle de l'État dans l'ordre économique.

celle de la demande de main-d'œuvre qui en est la conséquence et vous aurez une idée sommaire des causes de cette sorte de crise qu'on a appelée la crise des loyers.

Si ce point de vue est le vrai, et on ne saurait en disconvenir, il faut en conclure que le remède ne se trouvera pas dans une augmentation du budget de la Ville de Paris et dans l'émission de nouveaux emprunts municipaux; il ne se trouvera pas non plus dans une continuation de travaux en contradiction avec une nécessité de liquider les trop nombreuses entreprises de constructions.

Il est bien clair en effet que ce n'est pas en contractant des emprunts nouveaux que la Ville de Paris entrera dans la voie de la réduction des droits d'octroi. Quand on emprunte on est bien obligé de conserver tous ses revenus pour faire face au service des intérêts. Les emprunts de Paris sont une raison de cherté de la main-d'œuvre, cherté qui est nuisible à l'industrie sans être profitable aux travailleurs ; qui dit emprunt de Paris dit maintien des tarifs élevés de l'octroi, qui dit maintien des tarifs élevés de l'octroi, dit maintien de la cherté de la main-d'œuvre et qui dit maintien de la cherté de la main-d'œuvre dit maintien de la cherté des loyers ; c'est un cercle infranchissable et vicieux. Il est clair également que si on crée une demande factice de main-d'œuvre par l'intervention de l'État on ne diminuera pas le prix de revient de la construction des maisons.

Mais nous avons dit que si l'élévation du prix des loyers dépendait de l'augmentation du prix de la construction, il dépendait aussi de l'augmentation du prix des terrains. Les terrains haussent naturellement de prix quand ils deviennent un monopole, c'est-à-dire quand on n'a pas la liberté du choix de l'endroit où la maison doit être établie pour mettre ceux qui l'habitent à même de se livrer à leurs occupations. Ce n'est pas en bâtissant des maisons avec l'argent de l'État qu'on peut faire obstacle à ce monopole, il est bien plus efficace d'augmenter les facilités de communication et de rendre plus économiques les moyens de transport de la population ouvrière. Amener vite et à bon marché les populations ouvrières à pied d'œuvre, c'est leur permettre de choisir le lieu de leur établissement, c'est pour ainsi dire transporter des terrains éloignés et les apporter sur le marché en concurrence avec les terrains auxquels leur situation rapprochée du centre des affaires avait créé un monopole. Il aurait bien mieux valu, pour agir sur les loyers, construire un chemin de fer métropolitain que de bâtir le quartier Marbeuf.

Ces considérations suffisent pour montrer qu'il existe une polique économique générale facile à pratiquer et très efficace pour combattre l'augmentation croissante du prix des loyers.

Si l'on veut remplacer cette politique économique réfléchie, dont les développements pour être plus lents n'en seraient que plus assurés, par une politique d'expédients et de coups de théâtre, il est douteux qu'on fasse du bien, il ne l'est point qu'on crée des dangers, mais il est certain en même temps qu'on fera naître des espérances vaines, qu'on agitera les esprits, et qu'on n'atteindra pas un des buts que le gouvernement s'honore de poursuivre, qui est de faire un calme nécessaire dans les esprits et dans les choses.

Rien n'est plus simple que de payer le loyer des gens, rien ne serait plus simple non plus que de faire payer leur boulanger ou leur tailleur par le Ministre des finances ; il est très aisé d'ouvrir les caisses du Trésor, mais il n'est pas si facile de les remplir. Loger tout le monde aux frais de tout le monde cela rappelle le mot de Lamartine quand, en parlant des chemins de fer, il les appelait « ces voies démocratiques où tout le monde circulera aux frais de tout le monde ».

Il faut toujours en revenir au Budget. Le Budget, il ne crée rien, il ne peut rien donner que ce qu'il demande aux impôts. L'extension des attributions de l'État a pour conséquence nécessaire l'extension des impôts. Une politique qui aurait pour plate-forme un accroissement de nos impôts, déjà si lourds, alarmerait les intérêts, ouvrirait la porte à toutes les utopies, et ne contribuerait pas à faire cesser la crise qu'on a la prétention de conjurer.

Ce n'est pas seulement en France qu'on s'est préoccupé de la question des logements d'ouvriers. En 1851, le Parlement anglais a donné des pouvoirs aux Conseils municipaux des villes de plus de 10,000 habitants pour établir des impôts dont les produits devaient être employés à la construction de maisons ouvrières, mais cette loi est restée lettre morte ; en 1865, l'Alderman Waterlow a demandé à M. Gladstone d'autoriser des prêts gouvernementaux au profit de sociétés qui construiraient des maisons d'ouvriers et qui s'engageraient à se contenter d'un revenu maximum de 5 0/0 de leur capital ; c'étaient les commissaires des prêts pour travaux publics qui devaient faire l'opération.

On ferait ici quelque chose qui ressemblerait beaucoup au projet de l'Alderman Waterlow si on autorisait, par une loi, la Caisse des dépôts et consignations à prêter, sur hypothèques, à certaines entreprises de construction.

Il faut, d'ailleurs, remarquer que si, en Angleterre, on a quelquefois autorisé les caisses spéciales d'amortissement, de travaux publics ou autres, à faire des opérations de prêts, c'était sous la réserve expresse qu'on ne puiserait pas dans le budget les capitaux nécessaires et qu'on demanderait aux emprunteurs un taux d'intérêt rémunérateur.

Mais on a fait, en Angleterre, quelque chose de plus efficace que des prêts par l'intermédiaire des commissaires de travaux publics. L'initiative privée a constitué des caisses d'épargne spéciales sous le nom de sociétés de construction. Des ouvriers par milliers, par dizaines de mille, par centaines de mille sont entrés dans ces associations et ils en sont sortis, au bout de quelques

années, propriétaires de petits logements analogues à
ceux qu'on peut visiter rue Claude-Lorrain à Auteuil.
Voici dans quels termes je cherchais, il y a bien des
années, dans une conférence faite à l'Athénée de Paris,
le 27 novembre 1866, à appeler l'attention publique sur
les sociétés anglaises de construction.

Les Building societies anglaises sont des établissements de
crédit dont le but est de faciliter à leurs sociétaires l'acqui-
sition et la construction de maisons. Ce sont des sortes de
Crédits fonciers, des Crédits fonciers coopératifs sans loterie
ni gouverneur, car les loteries et les gouverneurs sont
comme vous le savez des institutions essentiellement fran-
çaises.

L'origine de ces Crédits fonciers populaires remonte à plus
de cinquante ans ; leur nombre aujourd'hui dépasse plus
de 2,000, il y a tant en Angleterre qu'en Écosse plus de
200,000 membres sociétaires.

Pour être admis dans la Société, il faut souscrire une action dont le montant est en général d'environ 3,000 francs.
On peut néanmoins souscrire des coupures d'un cinquième
ou d'un quart, soit de 750 à 500 francs. L'action sera libérée
par le paiement régulier pendant treize ans et demi, d'une
cotisation hebdomadaire de 3 fr. 12, s'il s'agit d'une action
entière. Les cotisations sont d'un cinquième ou d'un quart
de cette somme quand on a souscrit des coupures. Le sous-
cripteur verse donc tous les ans en cinquante-deux paiements
une somme totale de 162 fr. 50. A l'expiration des treize
années et demie, il aura payé à la Société 2,187 fr. 50.
L'action dont le montant nominal est de 3,005 fr. 70, sera
néanmoins libérée, l'accumulation des intérêts composés
ayant produit la différence au profit de l'actionnaire, à savoir
818 fr. 20.

Les actionnaires reçoivent de la Société un tableau qui leur permet de suivre le progrès des accumulations d'intérêts et de connaître la base des emprunts qu'ils sont, par les statuts, autorisés à contracter vis à vis de la Société. Ce tableau détermine la valeur actuelle des actions. Nous avons sous les yeux le tableau distribué aux actionnaires de la Société de Leeds. Le jour où le sociétaire a souscrit une action de 3,000 francs, la valeur actuelle de cette action suivant le tableau de la société de Leeds est de 1,640 francs. Au bout d'un an le sociétaire aura payé cinquante deux cotisations; son action vaudra alors en premier lieu, ce qu'il aura payé, en second lieu, les intérêts calculés à son profit sur ce qu'il aura payé pendant le temps que la Société aura joui de son argent, en troisième lieu, la valeur actuelle des 650 petits effets qui sont encore dans le portefeuille de la Société et qui doivent échoir pendant les douze années et demie qui restent à courir. Ces trois éléments portent la valeur de l'action à 1,715 fr. 70. Au bout de deux ans l'action vaudra 1,794 fr. 85. Elle vaudra plus au bout de trois ans et ainsi de suite. A la onzième année elle vaudra 2,690 fr. 90; enfin, quand les 702 petits effets auront été acquittés, l'action vaudra son plein, soit 3,005 fr. 70. Le tableau varierait nécessairement avec le taux d'intérêt qu'on aurait pris pour base ; mais une fois qu'il est établi, il indique la somme que tout actionnaire possède à son crédit à une époque déterminée, et la valeur des versements qui lui restent à effectuer. Ceci posé, la Société s'engage, dans les limites de fonds qu'elle possède, à prêter aux actionnaires les sommes nécessaires à la construction de leur habitation, à la condition que l'emprunteur donne en garantie son action d'abord et puis la maison qu'il achète. Lorsqu'une personne veut acheter par exemple une maison de 2,187 fr. 50 ; elle souscrit une action de 3,005 fr. 70 dont la valeur actuelle est de 1,640 fr. 40. Elle emprunte les 1,640 fr. 40 à la Société et donne en garantie la maison de

2,187 fr. 50. La Société sera couverte d'abord par l'action,
dont la valeur n'est, il est vrai, réelle, qu'à la condition que
les versements soient régulièrement effectués, et en outre par
la maison, qui vaut un tiers en sus de la somme empruntée.
Le remboursement s'effectue de lui-même par les versements
successifs que l'actionnaire doit faire pour libérer son action.
Le jour où il aura terminé son dernier paiement, il aura versé
dans la caisse sociale le montant de son emprunt en capital
et intérêts. On compensera le compte de l'action par le
compte de l'emprunt, on lèvera l'hypothèque et l'affaire sera
liquidée.

Si la personne qui veut acheter une maison est actionnaire depuis plusieurs années, la Société peut lui prêter une
somme plus forte, puisque l'action vaut d'autant plus qu'on
approche du terme des treize ans et demi, au bout desquels
elle vaudra 3,000 francs.

A la seconde année, on pourra emprunter 1,794 fr. 85 c.,
à la onzième année, 2,690 fr. 90 c., et ainsi de suite, à la
condition toutefois de donner une hypothèque qui couvre la
Société de ses avances d'argent.

Il y aura comme un retrait des dépôts antérieurs auquel
viendra s'ajouter pour le surplus un emprunt garanti par
hypothèque.

Le remboursement s'effectuera de la même manière que
dans l'exemple précédemment choisi, par la liquidation de
l'action au moyen des versements hebdomadaires qui restent
à effectuer

Si on ramène à des termes simples les opérations que
nous venons d'indiquer, on voit qu'elles se réduisent à ceci :
acheter une maison, payer un quart du prix comptant et
les trois autres quarts au moyen de cotisations hebdomadaires. Or, le difficile était justement de trouver des propriétaires disposés à vendre et qui consentissent d'une part
à réduire les intérêts sur le capital restant dû, proportion-

nellement aux paiements effectués et en arrêtant les comptes tous les mois. Pour arriver à résoudre la question, il fallait créer un intermédiaire entre le propriétaire ancien et l'acquéreur nouveau, et cet intermédiaire c'est la Société populaire de Crédit Foncier.

Il restait pourtant une grande difficulté à résoudre. La Société coopérative et populaire de Crédit foncier ne peut avancer de fonds aux sociétaires que si elle en possède elle-même et elle ne peut en posséder qu'à la condition d'en recevoir plus qu'elle n'en donne; à la condition qu'un certain nombre d'actionnaires n'empruntent pas sur leurs actions et laissent s'accumuler leurs versements hebdomadaires.

Deux moyens ont été employés pour surmonter cette difficulté : le premier a été de faire appel à des capitaux étrangers..... le deuxième a consisté à faire entrer dans la Société ce qu'on pourrait appeler les actionnaires de l'avenir et à la rendre permanente au lieu de limitée qu'elle était. En effet, dans les Sociétés du genre de celles que nous avons décrites, un certain nombre de personnes souscrivaient des actions libérables en treize ans et, au bout de la treizième année, la Société se terminait d'elle-même par la libération de toutes les actions. La Société était dissoute quand tout le monde était satisfait.

Pour pouvoir étendre le cercle des actionnaires déposants, on a imaginé de laisser toujours ouvert le livre des souscriptions. Tous les ans il entre de nouveaux actionnaires; ces nouveaux actionnaires souscrivent des actions dont ils doivent achever la libération un an plus tard que les souscripteurs de l'année précédente. On associe, pour ainsi dire, les Sociétés d'une année avec les Sociétés des années suivantes. Il est résulté de cette combinaison que les Sociétés coopératives de Crédit Foncier sont devenues des Caisses d'épargne toujours ouvertes, que le nombre des actionnaires s'est constamment accru, que les fonds sont devenus plus

abondants, et que les retraits, c'est-à-dire les emprunts faits
pour acquérir des maisons, ont pu être couverts par les
dépôts, c'est-à-dire par les nouvelles souscriptions d'actions.
Au bout de treize ans, il y a des sociétaires qui sortent de
la Société et la Société continue d'exister avec des sociétaires plus récents.

La Société coopérative de Leeds, fondée en 1848 dans le
système de la permanence, a enregistré, depuis son origine
jusqu'en 1865, l'entrée de 26,826 membres et a reçu des
sociétaires par cotisation hebdomadaire plus de 33 millions
de francs. A la fin de l'année dernière, 19,779 sociétaires
avaient successivement liquidé leurs actions et leurs emprunts ; il restait 7,047 membres actifs, sur lesquels 2,339
sont des emprunteurs, les autres ne sont que déposants.

Je reconnais qu'il est difficile d'espérer qu'il se produise en France un mouvement analogue à celui qui
s'est produit en Angleterre, mais les Building Societies,
étant des sortes de Caisses d'épargne, pourraient béné-
ficier des avantages que nos lois n'ont cessé d'accorder
aux Caisses d'épargne privées. On pourrait peut-être
même attacher à la Caisse d'épargne postale une sec-
tion particulière pour recevoir celles des épargnes que
les ouvriers voudraient consacrer à la construction de
petits logements. Réduite à ces conditions, l'intervention de l'État pourrait être plus efficace, et surtout
moins nuisible que dans les projets dont on nous me-
nace. Cela flatterait moins la fureur de gouverner dont
parle Humboldt, mais c'est une fureur que je ne ressens
pas et que ne ressentiront jamais ceux qui veulent
pratiquer la politique des intérêts.

DISCOURS

PRONONCÉ A LA SOCIÉTÉ D'ÉCONOMIE POLITIQUE

LE 27 MARS 1883

Messieurs,

En me levant pour répondre à votre président, je
me sens fort ému ; votre société rend un hommage
qui me touche profondément à la mémoire de mon
aïeul et vous me faites assister à la première vue de
cette œuvre qui répond à notre attente et au talent
de l'artiste éminent qui a été chargé de l'exécuter.

Je suis également confus de la façon dont votre
président m'a accueilli. Il m'a rappelé que je suis un
des vôtres, que j'ai toujours professé des idées qui
sont en communauté avec les idées de votre société
et que j'appartiens à la grande famille lyonnaise par
mon aïeul. J.-B. Say n'a pas passé sa vie dans cette
ville, mais il y est né, il y a vécu les premières an-

nées de son enfance. Il a ensuite quitté Lyon pour l'Angleterre et pour Paris. Je cherchais, au moment où je me disposais à me rendre à l'invitation de votre président, si je ne pourrais pas retrouver dans ses papiers quelque indication qui pût me permettre de reconnaître la maison où il est né ; je n'ai retrouvé à ce sujet qu'une indication, une phrase, un paragraphe dans un écrit qui me paraît être un commencement de mémoires inachevés. Si vous voulez me le permettre, je vous en donnerai connaissance. Voici ce que je lis :

« Mon père avait épousé la fille aînée de M. Castanet et je suis né de ce mariage le 5 janvier 1767. Mes parents habitaient le quai Saint-Clair, sans contredit une des plus belles situations urbaines qui soit au monde. Les balcons de notre appartement dominaient ce beau quai par où Lyon communique avec les provinces de l'Est et avec la Suisse. Au delà de ce quai, le Rhône, large et fougueux, roule ses eaux, souvent redoutables. Je jouis encore quelquefois des souvenirs de cette époque de mon enfance. On bâtissait alors le pont Morand, édifice considérable, quoiqu'en bois, dont chaque pile était dressée toute brandie et d'une seule pièce ; opération qui exigeait des efforts puissants et qui faisait accourir tout le monde aux fenêtres, chaque fois qu'elle se renouvelait.

» La promenade des Brotteaux et ses vastes plantations de mûriers, qui n'étaient point encore remplacées par des maisons, occupait l'autre rive du fleuve et n'était bornée que par les campagnes du Dauphiné que couronnait la chaîne des Alpes dont les sommités, couvertes de neige au plus fort de l'été, se perdaient dans un immense lointain ».

En nous promenant dans la journée votre président M. Flotard et moi, nous avons retrouvé à peu près l'endroit où était située cette maison et j'ai reconnu que c'était entre le pont Morand et la maison Tolozan que mon grand-père était né et avait dû passer les premières années de son enfance ; c'est là que, jeune homme, il a, dans la maison de commerce de son grand-père Castanet, commencé ses premières études commerciales, et appris la pratique des affaires. Plus tard il s'est élancé dans le monde, il a réfléchi aux grandes questions et produit les œuvres que vous connaissez.

Mon grand-père a laissé peu de chose en dehors de ce qui est imprimé. J'ai trouvé cependant dans ses papiers une sorte de note avec cet intitulé : « A mes enfants et petits-enfants. » Dans cette note, il donne des indications sur la manière dont on devra publier les éditions ultérieures de ses œuvres et il y joint des recommandations qui seront bien reçues de tous ceux qui cultivent la science économique, mais qu'il adressait particulièrement à ses descendants. Regrettant de n'avoir pas pu mettre de l'ordre dans quelques fragments d'ouvrages projetés il ajoute :

« On aurait vu, comment ils tenaient au grand plan qui devait coordonner toutes les sciences morales et politiques et qui consiste essentiellement à considérer la nature des choses morales et politiques suivant ce quelle est, sans illusion, sans autorités, sans système; ensuite à déduire de cette nature des choses telle

quelle, la connaissance de la manière dont s'enchaînent
entre eux les faits moraux et politiques, de la manière
dont les effets sortent des causes ; enfin, à appliquer
ces connaissances à l'utilité de l'homme, à en déduire
les actions qui sont bonnes et suivies de bien, et celles
qui sont mauvaises et suivies de mal, soit relativement
à l'individu, soit relativement à la famille, à la na-
tion, au genre humain. D'où la Morale, l'Économie
politique, la Politique pure. »

Pour mon grand-père, la science dont il avait fait sa
constante préoccupation consistait à connaître les lois
qui gouvernent les faits économiques ; il y faisait entrer, comme dans une science première, toutes les
sciences qui ont pour objet l'étude de ces grandes lois
qui servent de règle à la morale, à la politique, à l'économie politique. Il invitait particulièrement ses petits-
enfants à ne jamais oublier que les phénomènes sortent de causes, que les actions bonnes ont des conséquences bonnes et les actions mauvaises, des conséquences mauvaises. Il leur recommandait de voir les
choses comme elles sont, sans substituer des idées
préconçues au grand ordre naturel.

J'ai le regret de le dire, les hommes politiques de
notre temps, quelques-uns même de ceux qui se disent
économistes, ont souvent une autre manière de voir.

Il semble que bien des gens considèrent les faits
économiques comme provenant d'une sorte de géné-
ration spontanée. Ce sont des accidents qu'on étudie
au point de vue des maux qu'on en ressent, au
moment même où ils se manifestent.

Vous avez vu se produire ici, à Lyon, des crises

industrielles et commerciales ; vous avez même souffert du désordre de la rue. Ce sont là des maux auxquels il faut porter remède. Mais comment pourrait-on y réussir si on ne remontait pas aux causes, et si, après les avoir reconnues, on ne cherchait pas à agir sur ces causes, au lieu de s'adresser seulement aux faits en essayant de les faire disparaître.

C'est évidemment une des faiblesses de notre époque que de vouloir résoudre par des moyens qu'on appelle pratiques, peut-être uniquement parce qu'ils ne sont pas scientifiques, la plupart des questions embarrassantes.

Les lois économiques sont des lois qui sont, à mes yeux, aussi certaines que les lois physiques ou mathématiques. On ne peut pas les violer impunement. Ce sont, en même temps, des lois dont l'existence doit nous réjouir, car elles sont des lois de progrès. Les grandes lois économiques et politiques font des peuples ce qu'ils sont ; ce sont elles qui président au développement de l'humanité ; ce sont des lois de consolation et non pas de tristesse ; elles nous apprennent comment un peuple accroît indéfiniment sa puissance et sa richesse ; elles ne connaissent pas les bornes du progrès, et, quand nous les étudions, nous apprenons que, ne mettant pas de limites à la richesse, elles en font suivre l'accroissement de moralité et de bien-être.

Cultivons donc cette science qui ouvre la voie à l'humanité, au progrès, à la civilisation (*Applaudissements.*), mais reconnaissons la force de ses lois.

Quand les difficultés se produisent, sachons demander

leur enseignement aux fautes que nous avons pu commettre. Quand des souffrances éclatent tout d'un coup et comme à l'improviste; quand nous sommes obligés de nous demander à nous-mêmes comment nous pourrons supporter les misères de l'heure présente, sachons remonter en arrière, pour examiner si ces faits, ces souffrances, ces misères ne sont pas la conséquence d'une action antérieure, irréfléchie et vicieuse, contraire, en un mot, à la nature des choses.

Il faut se demander quelle est cette action antérieure qui a produit les mauvaises conséquences qu'on a sous les yeux. Il faut la rechercher et s'en rendre compte, pour éviter le retour des conséquences mauvaises qu'elle a produites.

Il est une remarque bien frappante que l'on peut faire : c'est que les solutions empiriques qui s'attaquent aux faits, sans remonter à leur cause, sont toujours en contradiction avec l'idée d'une marche progressive de l'humanité. Au contraire, les solutions qui s'attaquent aux causes, pour dominer les conséquences, sont des solutions qui supposent le développement le plus complet des facultés humaines.

Ceux qui contemplent les phénomènes en eux-mêmes proposent toujours des remèdes restrictifs, tels que la rareté et la cherté, c'est-à-dire des solutions qui sont en contradiction avec le but de l'humanité et de nature à ralentir sa marche progressive.

Nous nous trouvons aujourd'hui en présence d'une question très grave, celle des salaires et des débouchés de l'industrie française. Nous avons à nous demander si nous ne souffrirons pas encore davantage de certains phénomènes que nous voyons apparaître dans quelques-unes de nos industries. Nous pouvons les envisager à un point de vue que j'appellerai restreint, c'est-à-dire les envisager comme un malaise passager et y apporter des palliatifs quelconques, ou nous demander s'il ne faut pas remonter à leurs causes pour chercher une solution définitive et vraie.

Les salaires sont un des éléments de la production et la production est un ensemble dans lequel nous distinguons différents facteurs. Nous trouvons naturel que la discussion qui s'ouvre entre ces divers facteurs soit une discussion très complète et très libre dans laquelle chacun cherche à s'attribuer la part naturelle qui lui revient.

Il est inutile de s'étendre d'ailleurs sur une question de ce genre dans une assemblée composée comme celle qui m'écoute ; les souffrances de notre industrie viennent de ce que les frais de la production augmentent en même temps que les salaires et de ce que l'industrie éprouve de la difficulté à placer ses produits. Cela conduit certains auteurs de systèmes à demander la suppression de la concurrence. C'est la théorie de la protection qui a malheureusement encore de nombreux partisans ; mais on peut répondre que la suppression de la concurrence n'est pas un moyen de triompher de la difficulté créée par la cherté de la production. Car, lorsque les prix augmentent, la consommation, plutôt que de se soumettre, ou s'arrête, ou se transforme.

Les produits trop chers sont remplacés par d'autres produits et ce n'est pas ici dans cette ville où l'on connaît si bien toutes les questions qui se rattachent à l'industrie textile qu'il faut rappeler comment certains tissus ont été remplacés par d'autres et comme il est facile à la consommation de se soustraire au monopole que la loi cherche à assurer à des produits déterminés, en demandant une satisfaction analogue à des produits différents.

C'est alors qu'interviennent d'autres solutions empiriques. Si les faiseurs de systèmes sont obligés de reconnaître qu'ils ne peuvent augmenter le prix des salaires en augmentant le prix des choses, ils demandent alors à la politique d'intervenir; au besoin ils se réfugient dans la revision de la Constitution. Je ne sais pas si c'est une solution conforme à la science économique.

Je ne veux pas nier, loin de là, les rapports qui existent entre la politique et l'économie politique. Ces rapports ont été indiqués dans la citation que je vous ai faite tout à l'heure de mon grand-père. Mais enfin la vraie politique, celle qui a une action efficace dans les questions économiques, est plutôt une politique d'abstention qu'une politique d'action.

C'est celle qui assure la paix à l'intérieur et la sécurité des relations commerciales, celle qui permet au travail individuel de se développer, mais ce n'est pas la politique qui intervient à chaque instant dans les affaires privées. Je ne crois pas que, dans cette assemblée, on soit bien venu à dire que l'intervention est un moyen de développer l'industrie. (*Applaudissements.*)

Il est bien certain que nous ne pouvons pas demander à l'État de subventionner ce que nous pouvons appeler le budget de l'industrie, de remettre en équilibre le budget du commerce et de l'industrie, qui ne regarde pas l'État. Quand l'État a déjà tant à faire pour retrouver l'équilibre de son propre budget, il doit laisser à l'industrie le soin d'équilibrer le sien. Je crois que c'est aller au delà de tout ce qu'on pourrait imaginer de dire que l'État, par un système de protection ou de prohibition, pourra maintenir les prix de vente, tandis qu'il diminuerait les frais de production, en prenant, par exemple, à sa charge le paiement indirect d'une portion du salaire, ce qui serait le cas, s'il payait de ses deniers le prix des logements des ouvriers.

L'État, en effet, ne pourrait loger tout le monde, ni affranchir les uns de préférence aux autres Il est absolument impossible d'entrevoir une solution dans cet ordre d'idées. (*Applaudissements.*)

Je crois qu'en s'en reportant à la nature des choses, il faut se demander si les difficultés ne proviennent pas, au contraire, de ce que l'industrie rencontre des obstacles apportés par les lois à son développement, comme par exemple les tarifs de douane.

Les salaires sont plus assurés quand l'industrie est prospère.

Il est évident que l'ouvrier est le premier intéressé à ce que l'industrie grandisse et à ce que son développement soit de plus en plus considérable. C'est donc, messieurs, en nous occupant du développement de l'industrie, de l'extension des débouchés que nous pourrons trouver une solution aux embarras économiques dans lesquels nous nous trouvons et dominer les crises des salaires comme les autres.

On a dit quelquefois que l'économie politique n'avait pas assez d'entrailles. Je ne sais pas si ce reproche ne pourrait pas plutôt être adressé aux adversaires de l'économie politique, qui veulent forcer la nature des choses; ceux-là pourront peut-être amener un soulagement momentané, mais au prix de souffrances ultérieures, pour lesquelles il n'y aurait plus de remède, et s'il nous arrive, comme à certains médecins, d'ordonner des remèdes difficiles à supporter, nous pouvons dire, au moins, que ce sont des remèdes sauveurs. Je ne vois pas pourquoi on dirait que nous sommes sans entrailles, parce que nous croyons qu'il y a lieu de laisser l'humanité se développer librement et parce que nous pensons que le gouvernement a pour premier devoir de mettre les hommes dans un état de sécurité assez complet pour s'occuper de leurs affaires sans avoir à se préoccuper des agitations de la politique, et pour second devoir de ne pas les gêner dans l'exercice de leurs droits naturels,

Je ne sais pas si nous ne trouverons pas, dans cette solution libérale, un remède beaucoup plus prompt aux souffrances de l'industrie que dans des solutions empiriques empruntées aux doctrines de l'intervention de l'État.

Je crois être d'accord avec votre société en disant qu'il faut rester fidèle à la grande pensée de J.-B. Say, qu'il y a des actions bonnes qui ont des conséquences bonnes et des actions mauvaises qui ont des conséquences nécessairement mauvaises, et qu'il faut voir les choses dans leur origine si on veut les conduire.

Il faut nous attacher à faire prévaloir autant que

nous le pourrons cette doctrine des lois générales et des conséquences nécessaires, et c'est au triomphe de cette vérité scientifique et morale que nous devons nous employer les uns et les autres. Votre Société d'économie politique est une de celles qui peuvent avoir les résultats les plus considérables à ce point de vue; vous êtes tous, par votre entourage, par vos amis, par vos relations, des professeurs d'économie politique pratique, sans compter qu'il y a parmi vous beaucoup de professeurs qui enseignent l'économie politique dans des cours spéciaux et font de nombreux élèves.

C'est notre devoir, à nous qui faisons partie d'autres Sociétés, et je parle ici de celle dont je suis le président, de faire de la propagande, mais, je regrette d'être obligé de l'avouer, les travaux de la Société d'Économie politique de Paris ont été cette année moins étendus que les vôtres. Vous nous avez donné un exemple de travail que nous nous efforcerons d'imiter. Nous n'en avons pas moins été utiles et nous avons réuni tous les mois un grand nombre d'hommes qui professent des idées semblables aux vôtres, qui ont dans des discussions souvent intéressantes échangé avec fruit leurs idées; nous n'avons pas la même méthode de travail, mais nous nous appliquons à la même tâche. Que nous remplissions des fonctions publiques ou privées, que nous exercions notre influence dans le Parlement, dans l'administration, dans l'industrie, dans le commerce, nous sommes dévoués à la science et pour la servir nous agissons suivant nos moyens.

Je ne voudrais pas terminer sans vous parler d'une autre difficulté. C'est la difficulté des débouchés; elle est très considérable. Il est bien certain que nous sommes dans une situation délicate; il y a une politique qui ne s'occupe pas du dehors, qui ne s'intéresse pas à ce qui se passe au delà de nos frontières et qui ne se préoccupe pas assez de la conservation de notre influence extérieure. C'est là un tort; la politique d'effacement systématique peut avoir les conséquences les plus funestes pour l'industrie et le commerce de la France. Nous devons tous, les uns et les autres, nous attacher à relever notre courage, nous devons appuyer fermement la politique qui consiste à porter les regards de la France sur toutes les parties du monde, à maintenir nos grands débouchés à l'extérieur, en entretenant les relations qui existent ou qui peuvent se développer entre nos concitoyens du dehors et ceux du dedans.

On a dit qu'en dehors de la Grande-Bretagne il y avait une plus grande Bretagne et que cette plus grande Bretagne était celle du dehors, celle qui était répandue sur tout l'univers. Nous aussi nous avons une autre France que la France que nous habitons; notre France n'est pas enfermée seulement dans ses frontières. Elle s'est comme naturalisée dans bien des parties du monde, avec notre langue, notre manière d'envisager les choses au point de vue industriel et commercial. Cette France extérieure a les mêmes préoccupations, les mêmes habitudes, les mêmes goûts que nous-mêmes. Il faut rester en relations constantes avec cette autre grande France, cette France extérieure; il

faut, pour y arriver, avoir une politique étrangère et
la suivre traditionnellement.

Mais je m'arrête, Messieurs, car il m'a suffi de par-
courir les avenues de la science pour constater la communauté de nos sentiments. Permettez-moi de terminer en disant que vous me trouverez toujours près de
vous chaque fois qu'il s'agira de défendre la grande
cause de la liberté commerciale. Je vous demande de
me considérer comme le petit-fils d'un Lyonnais et de
me permettre de marcher avec vous sous le drapeau
du libre échange dans le bataillon lyonnais. (*Applaudissements*).

DISCOURS

PRONONCÉ A LA CHAMBRE DE COMMERCE

LE 28 MARS 1883.

Monsieur le président, Messieurs,

En me trouvant devant la chambre de commerce
de cette ville et en présence de cette nombreuse assemblée, dans laquelle l'industrie et le commerce sont si
dignement représentés ; lorsque je songe aux intérêts
considérables que vous êtes appelés à défendre, je ne
puis m'empêcher de croire que la défense de ces intérêts n'est pas seulement celle de votre situation particulière, mais celle des intérêts généraux de la France.

POLITIQUE DES INTÉRÊTS

Vos intérêts sont bien des intérêts généraux, et nous
devons nous efforcer de nous rendre un compte exact
de la façon dont ils peuvent être défendus.

Il y a, en ne cessant jamais d'envisager les choses à un point de vue élevé, une politique que j'appellerai la politique des intérêts; cette politique, nous devons en tracer le programme, en affirmer les idées et chercher à faire triompher les méthodes les plus sûres pour atteindre le but qu'elle se propose.

Cette politique doit avoir des instruments et des solutions et je me permettrai de vous indiquer comme le premier instrument qui puisse faire prévaloir les solutions justes dans les questions qui vous intéressent à un si haut degré, le gouvernement parlementaire pratiqué dans sa réalité. On a dit bien des choses, on a tenté bien des expériences sur le gouvernement parlementaire, mais, depuis quelques années, il semble qu'on ait oublié les enseignements de l'histoire et qu'on ait corrompu l'expression même de gouvernement parlementaire.

RÉALITÉ DU GOUVERNEMENT PARLEMENTAIRE

La république parlementaire n'est pas l'administration par le Parlement. C'est l'administration par les ministres responsables sous l'autorité du Parlement. Ce sont les ministres qui doivent administrer; c'est le Parlement qui doit contrôler. C'est le seul moyen d'obtenir des traditions dans le gouvernement du pays, d'arriver à ce qu'il y ait une suite dans la politique, le seul moyen enfin de permettre aux intérêts de se développer en toute sécurité. Tels doivent être les résultats de l'administration par les ministres.

L'administration directe par le Parlement ne peut avoir d'autres résultats que d'enfanter des agitations incessantes et stériles. Il est donc de notre devoir de faire les efforts les plus sérieux pour obtenir ce que j'appelle la réalité du gouvernement parlementaire. Nous devons chercher à faire entrer dans nos mœurs parlementaires, l'idée de la nécessité de l'initiative gouvernementale. L'œuvre de nos représentants est déjà considérable ; elle consiste à surveiller et à contrôler tous les actes du gouvernement, à tenir toujours ce gouvernement en éveil, à le prémunir sans cesse contre les fautes qu'il pourrait commettre ; mais, en même temps, les Chambres doivent lui laisser toute son initiative, lui permettre d'avoir des traditions dans la suite à donner à sa politique et éviter avec le plus grand soin les agitations stériles qui ne peuvent que nuire au libre développement des affaires. *(Très bien.)*

La politique d'agitation n'a rien de commun avec la politique des intérêts. Vous savez bien, pour en avoir fait l'expérience dans vos industries chimiques, que la cristallisation ne s'opère que dans des vases mis à l'abri de toute trépidation ; il en est de même de ce que j'appellerai la cristallisation des capitaux : la richesse ne se forme que dans le calme et ne se développe que dans une atmosphère de tranquillité politique. *(Applaudissements.)*

C'est là un point, le premier, le plus important de cette politique des intérêts que nous devons défendre parce qu'elle est la politique des intérêts généraux, des intérêts nationaux ; et je ne saurais trop le

répéter, les intérêts de Lyon sont ceux de la France
entière. L'industrie lyonnaise ne peut prospérer que
si le pays tout entier prospère.

Nous sommes témoins en ce moment d'une tentative qui réussira, je l'espère. Le gouvernement que
nous avons est décidé à prendre l'initiative des affaires.
On a dit que ce que la France, ce que la démocratie
française avait le plus à redouter, était un gouvernement autoritaire. Cela est vrai, si on entend par
gouvernement autoritaire un gouvernement qui se
targue de n'être point un scrupuleux observateur
des lois. Mais nous n'avons rien à redouter de ce genre du
gouvernement actuel. Il a manifesté clairement l'in-
tention de pratiquer une politique, de gouverner tant
que cette politique sera acceptée par les Chambres et
de se retirer quand les Chambres se prononceront
pour une politique différente. Si les ministres tombent
en défendant leur politique, ils sont suivis, en rentrant
dans la vie privée, par ceux qui professent la même
politique qu'eux, et, s'ils reviennent plus tard au
pouvoir, ils appliquent leurs théories avec une liberté
plus grande et d'une façon complète. (*Applaudissements.*)

J'estime donc que cette tentative faite par le ministère mérite toute notre sympathie. Je désire qu'elle
réussisse et que nous ayons dans un gouvernement
d'initiative l'instrument propre à la politique des
intérêts.

Mais il n'est pas moins indispensable de se rendre
compte des résultats qu'on veut obtenir, et si nous
avons besoin d'avoir la réalité du gouvernement parle-

mentaire, nous avons besoin d'une autre réalité qui intéresse au plus haut point la prospérité des affaires : c'est la réalité de l'équilibre budgétaire.

ÉQUILIBRE DU BUDGET

Il est quelquefois difficile de l'obtenir ; il est difficile de ne pas se laisser entraîner à une augmentation de dépenses ou à des dégrèvements prématurés ; aussi faut-il donner à ceux qui ont la charge de maintenir cet équilibre toute la force nécessaire pour résister aux entraînements, qu'ils naissent dans les Chambres ou en dehors des Chambres ; il faut que le gouvernement puisse résister aux entraînements de l'opinion publique.

Nous ne devons pas nous dissimuler qu'au point de vue budgétaire, nous sommes dans une situation anormale : notre budget n'est pas un budget définitif. Nous sommes dans l'attente, nous nous demandons quel sera le budget normal de l'avenir ; tant qu'on ne pourra pas le présenter aux Chambres, on sera obligé de recourir à des expédients pour gagner du temps en attendant qu'on atteigne ce budget définitif et normal si désirable et si désiré.

Ce n'est pas à des hommes d'affaires comme ceux qui sont autour de moi qu'il est nécessaire d'indiquer la raison pour laquelle nous ne sommes pas encore arrivés à ce budget. La grande, la vraie, la seule raison qui empêche de concevoir et de discuter ce budget normal, est la suspension de la question des chemins de fer.

Tant que nous ne saurons pas quelle est la quantité de capitaux qui doit être dépensée pour cet objet dans ce pays, ni comment ces capitaux doivent être dépensés, ni comment on peut se les procurer, il est impossible d'espérer un équilibre permanent. Je considère comme une vérité indéniable que nous n'aurons pas de budget tant qu'on n'aura pas trouvé une solution à la question des chemins de fer.

J'ajouterai que des solutions imparfaites valent quelquefois mieux que la continuation d'expédients qui ne résolvent rien. Je sais que le gouvernement s'occupe avec ardeur de trouver les solutions nécessaires et peut-être n'est-il pas inutile de dire que, parmi ces solutions, il en est une très importante, celle des tarifs, qui me paraît sur le point d'être trouvée.

QUESTION DES CHEMINS DE FER

La question des chemins de fer se divise en deux : la question des tarifs et la question de la construction des lignes nouvelles du plan Freycinet ; la première, qui a un si haut intérêt pour l'industrie et pour le commerce en général, et la seconde, qui touche si vivement certaines parties du territoire et qui est si difficile à résoudre, à cause de l'immensité des capitaux à engager et de la difficulté de les employer productivement.

Aussi je pense que cette dernière question est celle qui présente le plus de difficultés, je veux parler de la construction des lignes classées, de la dépense d'un capital de plus de sept milliards, chose impossible à concevoir dans le moment actuel.

De toute nécessité, il y a lieu de diviser la tâche, de commencer par ce qui est le plus pressé et d'ajourner jusqu'au moment où les ressources disponibles seront plus considérables, la dernière partie de ce grand travail.

La question des tarifs n'est pas encore résolue, mais elle le sera bientôt, je l'espère. Les personnes qui étaient autrefois les plus éloignées de s'entendre à ce sujet semblent aujourd'hui se rapprocher, et je ne serais pas étonné si dans peu de temps un apaisement ne se faisait pas au moyen des solutions qui auront pu être apportées par le ministre des travaux publics, d'une part, et, de l'autre, par les différentes compagnies de chemins de fer qui exploitent notre réseau national.

Je ne m'étendrai pas sur cet objet spécial. Je voudrais pourtant indiquer les points sur lesquels il semble que l'accord pourra se faire.

On a pendant un certain temps été très amoureux de l'uniformité. On considérait que les tarifs devaient avoir des bases très simples, de manière que le calcul en fût aisé pour tout le monde. On voulait aussi avoir un livret imprimé des tarifs dans lequel chacun pût se retrouver aisément. Mais cette passion paraît

être moins vive aujourd'hui, parce que le commerce
et l'industrie se sont bien vite aperçus que ce qui
était important c'était beaucoup moins l'uniformité des
tarifs que l'avantage qu'on pouvait trouver dans les
prix. Il n'y a pas un commerçant qui n'aimât pas mieux
une variété de tarifs qui lui procurerait des avantages
qu'une simplification dont il ne profiterait pas.

Aussi a-t-on heureusement abandonné l'idée des
tarifs kilométriques pour adopter les tarifs différentiels
auxquels on a donné le nom de tarifs belges, car ces
tarifs donnent évidemment plus de satisfaction au
commerce. On a enfin reconnu que les tarifs généraux
peuvent s'appliquer utilement même dans les différentes régions aux mêmes natures de marchandises, et
on est arrivé non sans difficulté, je le reconnais, à
des classifications uniformes auxquelles s'appliquent des
tarifs généraux sur l'ensemble des chemins de fer
français.

Voilà un premier point sur lequel il semble que
l'accord est près d'être fait.

Restait une autre question de tarifs très importante,
peut-être la plus importante pour l'industrie, celle
des tarifs spéciaux, car les tarifs généraux ne s'appliquent pas aux transports de la grande industrie qui se
sert des tarifs spéciaux.

On s'est demandé si on ne pourrait pas faire avec
les tarifs spéciaux unifiés une sorte de tarif général
d'un ordre particulier qui s'appliquerait à des séries
identiques de marchandises dans toutes les parties du
territoire, mais on a été bientôt obligé de reconnaître
qu'on se trouvait en face d'un problème insoluble, et

qu'une solution dans ce sens n'aurait d'ailleurs pas d'intérêt pour l'industrie. En effet, les transports par masses sont de nature différente, suivant les régions, et, comme on ne peut pas abaisser tous les tarifs, ce qui ferait tomber au-dessous du prix de revient le tarif moyen, on jugea plus pratique de conserver les tarifs différents dans chaque région, parce que dans chaque région, ce sont des industries différentes qui dominent et dont il faut favoriser l'extension. Au lieu de concevoir les tarifs spéciaux comme des espèces de tarifs généraux uniformisés, on comprit qu'il fallait avoir dans chaque région des familles de tarifs spéciaux.

On a pensé qu'on pouvait imaginer, au moyen de ces familles, les combinaisons pratiques les plus favorables à l'industrie des divers centres industriels. Sur ce point, je ne dirai pas que l'accord est fait, mais enfin la discussion des diverses solutions me paraît tellement avancée que je ne doute pas qu'il ne se produise bientôt.

Enfin, il y a une dernière espèce de tarif, qu'on appelle le tarif de gare à gare, le tarif des prix faits, celui qui est appliqué à des industries qui, sans les avantages qu'il assure, ne pourraient pas subsister. Là encore l'opinion paraît se modifier en ce sens que les observations échangées permettent de croire qu'on arrivera à une entente, grâce à l'initiative personnelle de M. Raynal. Ainsi donc, en ce qui concerne la forme des tarifs, je pense que la question des chemins de fer est bien près d'être résolue.

Reste à traiter la question de l'abaissement des

prix, question beaucoup plus délicate parce que l'abaissement des prix c'est la diminution des produits nets des Compagnies et constitue, à proprement parler, un emploi des plus-values que l'avenir réserve à l'industrie des chemins de fer.

On peut se demander quel est le résultat le plus intéressant pour le commerce, d'obtenir que ces plus-values soient consacrées à diminuer certains tarifs ou bien d'obtenir qu'elles soient employées à rémunérer des capitaux qui seront un certain temps improductifs si on les immobilise dans la construction de nouvelles lignes.

Il y a là une seconde question sur laquelle les discussions peuvent être assez difficiles. Cependant il y a de la part des Compagnies de chemins de fer et de celle du ministre un vif désir d'arriver à un accord. On peut se flatter que la grosse affaire des tarifs est sur le point de trouver une solution.

J'arrive maintenant à la difficulté de la construction que j'ai indiquée tout à l'heure. Nous ne pouvons pas tous les ans dépenser plusieurs centaines de millions qui pourront monter à des milliards pour construire de nouvelles lignes ; il est impossible d'emprunter un milliard tout les ans sans écraser les contribuables du poids de ces emprunts ; aussi la solution est-elle extrêment difficile ; il y a beaucoup d'intérêts à ménager. J'ai plusieurs fois indiqué quelle devait être cette solution, mais je regrette de ne pas entrevoir quelle est celle du gouvernement. Et pourtant ce n'est qu'après qu'il l'aura trouvée qu'on pourra établir ce que j'appelais le budget normal et ce n'est que ce jour qu'on pourra se passer d'expédients.

Dans la politique des intérêts, la question des chemins de fer est, je ne saurais trop le répéter, une question de premier ordre à laquelle est attaché l'avenir financier et industriel de ce pays ; si on arrive à organiser un budget normal, nous verrons sans aucun doute des temps meilleurs. J'espère que le gouvernement comprendra la responsabilité qui pèse sur lui.

Vous avez tous remarqué que, dans certaines périodes de la vie industrielle des peuples, il y a des temps d'arrêt forcés, lesquels sont la conséquence de certaines situations politiques et économiques. Pendant ces périodes d'indécision, les affaires se ralentissent sans que pourtant les épargnes cessent absolument de s'accumuler et de former de nouveaux capitaux. Si les obstacles politiques ou économiques disparaissent, on assiste comme à un lever de rideau : toutes les affaires reprennent à la fois et, le lendemain même des jours les plus difficiles, on entre dans une ère extraordinaire de prospérité.

Eh bien ! nous sommes dans cette période d'incertitude, parce que nous n'avons pas de budget normal et que nous n'en aurons pas tant que la question des chemins de fer ne sera pas résolue. Si nous sortons de cet embarras et si les Chambres et le gouvernement empêchent les agitations politiques de se reproduire, je puis prévoir sans être un prophète une grande et rapide expansion de toutes les affaires.

L'industrie et le commerce ne s'en ressentiront pas seuls ; vous reverriez alors les excédents de recette dans les publications mensuelles du ministère des finances et l'équilibre du budget s'établirait très facilement. J'ai confiance que le gouvernement assurera cet avenir et je crois qu'il faut se préparer à cette période de prospérité.

Il faut savoir s'y préparer d'avance car il est peut-être plus difficile d'administrer la prospérité que la gêne.

Quand nous y serons il ne faudra pas laisser échapper l'occasion, il faudra en tirer parti. Nous devons avoir pour cet avenir des plans très étudiés, nous devons savoir à l'avance ce que nous ferons, ce que nous demanderons à nos représentants et à notre gouvernement.

DÉGRÈVEMENT DE L'AGRICULTURE ET CONVERSION

En vue de cet avenir, permettez-moi aujourd'hui de vous proposer un traité de paix, une alliance. L'industrie lyonnaise a besoin de s'allier avec l'agriculture ; il faut que vos intérêts deviennent connexes parce qu'ils sont identiques ; on n'a peut-être pas assez fait jusqu'ici pour amener l'entente entre l'industrie libérale et l'agriculture ; il faut ramener l'agriculture à nous ; il n'y a pas dans ce pays de prospérité si l'agriculture n'est pas prospère ; il faudra donc employer cette période de prospérité, que je prévois, à dégrever l'agriculture ; il ne faut pas que nous nous jetions sur ces excédents lorsqu'ils se produiront ; il faut que nous les abandonnions sans regret et tout entiers à l'agriculture.

On a déjà étudié ce que l'on pourrait faire pour elle. Plusieurs solutions ont été proposées ; vous savez d'ailleurs qu'il y a dans les budgets des réserves. A l'époque ou j'étais ministre des finances, en présentant mon dernier budget j'ai dit à l'agriculture : nous avons des réserves qui consistent à diminuer l'intérêt de la Dette quand on pourra le faire par la conversion de la rente 5 0/0. Eh bien, c'est à l'agriculture qu'il faudra donner ces réserves ; le jour où l'importante opération de la conversion pourra se réaliser, il ne faudra pas s'en servir comme d'un expédient pour équilibrer le budget ou le gaspiller dans des crédits supplémentaires, il faudra tenir la parole que nous avons donnée à l'agriculture.

On pourra se demander s'il faut dégrever d'abord les droits de transmission et d'enregistrement, car ce sont là des impôts qui frappent très lourdement l'agriculture ; il faut en effet qu'on puisse acheter et vendre pour se constituer une propriété sans payer les droit exorbitants que vous connaissez. On peut aussi se demander s'il n'y a pas lieu de diminuer dans tous les départements l'impôt foncier et de faire faire un pas à la péréquation en dégrevant en sus et spécialement certains départements surimposés. On peut encore, et je crois savoir que c'est de ce côté que les agriculteurs se tournent avec le plus de force étudier les moyens d'entretenir les chemins vicinaux, en allégeant le budget des départements et des communes de dépenses à porter sur le budget de l'État, de manière à leur permettre de consacrer plus de fonds à cet usage. On peut enfin abandonner aux départements une somme importante prise sur le budget pour faire une dotation supplémentaire au budget d'entretien des chemins vicinaux qu'on distribuerait comme un fond commun.

TARIFS DE DOUANE ET LIBERTÉ COMMERCIALE

Je vous demande de faire cette campagne avec moi en faveur de l'agriculture. Il ne faut pas que l'industrie se montre jalouse de ces dégrèvements, car nous avons besoin que l'agriculture nous aide pour améliorer notre situation industrielle par l'abaissement des tarifs de douane. J'en reviens toujours là. C'est un refrain de famille, pourrait croire votre président. Il a raison de rappeler que je dis souvent la même chose et que je finis toujours par parler de la liberté commerciale.

Nous avons mal travaillé depuis douze ans : nous nous sommes faits en France les professeurs du protectionnisme dans le monde : dès lors nous serions naïfs d'être étonnés que le système protecteur nous enserre aujourd'hui de tous côtés. Il ne fallait pas professer de pareilles doctrines. (*Très bien! très bien!*)

Sachons reconnaître que c'est de notre pays qu'est partie cette propagande funeste. Les industriels qui sont partisans de la protection en France sont ceux qui souffrent le plus du système protecteur des États voisins ; c'est donc là notre première faute ou plutôt c'est la première faute de nos adversaires ; ce n'est pas la nôtre, puisque nous n'appartenons pas à l'école protectionniste.

Un autre malheur a été la manière dont a été poursuivie la discussion du tarif général des douanes. J'avoue que cette discussion a été un triste spectacle pour les partisans des idées libérales en économie politique. Je crois qu'il n'y a pas eu un seul partisan de nos idées qui ait osé se placer au point de vue véritablement scientifique, au point de vue des consommateurs français ; c'est dans cette discussion qu'on a créé un nouveau dogme, celui des droits spécifiques. On a indiqué que toute législation douanière était impossible si on ne faisait pas disparaître les droits *ad valorem*. Je voyais alors tous les jours des hommes très intelligents, qui s'appelaient à l'époque Amé, qui s'appellent aujourd'hui Ambaud ; ils me disaient qu'il est très difficile de reconnaître la valeur d'une marchandise ; on a parlé de fraudes abominables, on a dit qu'on imposait par la loi des marchandises à 10 0/0, et que, par suite de fausses déclarations, la loi n'était pas appliquée, que c'était une fraude qui abaissait à 9 et 8 0/0 les droits de douane ; on a fait enfin un tel épouvantail de ces prétendues fraudes que personne n'osait plus défendre les droits *ad valorem*.

Mais, quand on a voulu appliquer les droits spécifiques, on s'est aperçu qu'il y avait par cette méthode des inégalités bien moins justifiables encore. On a été obligé de faire des catégories et de comprendre dans ces catégories des marchandises dont la valeur était très différente, de sorte qu'on a eu comme base des tarifs des écarts de 15, 20, 30, 50 0/0, bien plus fâcheux que les écarts occasionnés par des déclarations mensongères de valeur. La vérité est qu'il faut dans certains cas adopter les tarifs au poids et dans d'autres cas les tarifs *ad valorem*. C'est l'obstination à proscrire les droits *ad valorem* qui est l'unique cause de l'échec des négociations avec l'Angleterre. (*Mouvement.*) Si nous n'avions pas tenu comme à un dogme à tout transformer en droits spécifiques, les négociations n'eussent pas été rompues.

Je ne puis pas oublier que, lorsque j'étais ambassadeur en Angleterre, j'avais moi-même préparé ce traité de commerce ; nous avions fixé des bases ; l'une d'elles permettait d'espérer qu'on pourrait conserver certains droits *ad valorem*. J'ai été quelques jours plus tard désavoué à la tribune du Sénat, et j'entendais du haut du fauteuil de la présidence de cette Assemblée, le désaveu du ministre des affaires étrangères que ma situation de président me condamnait à écouter en silence.

La transformation de tous les droits *ad valorem* en droits spécifiques a été, je le répète, la cause unique de l'échec de nos négociations avec l'Angleterre. Mais il faudra recommencer cette campagne le plus tôt possible ; je ne sais pas s'il sera possible de reprendre les négociations avec l'Angleterre, mais il sera plus facile de le faire si les négociations sont préparées dans l'opinion publique par votre propagande incessante.

Vous avez apporté une grande ardeur dans la lutte pour le libre échange, pour obtenir avant tout l'affranchissement des matières premières. Il m'a toujours semblé qu'il était bien difficile de faire une

distinction entre la matière première et celle qui ne
l'est pas, car telle matière est première pour une industrie, et elle est un produit achevé pour une autre;
les introductions temporaires, qui sont très bonnes
pour atténuer l'effet des droits sur le commerce d'ex-
portation, ne sont que des palliatifs. Je ne veux pas
m'étendre davantage. Tout le monde comprend dans
cette réunion que la politique économique libérale est
un des *desiderata* de cette politique que j'ai qualifiée
de politique des intérêts. (*Applaudissements.*)

DÉBOUCHÉS ET POLITIQUE COLONIALE

Je ne veux pas terminer sans appeler encore votre
attention sur la question des débouchés. L'honorable
président de la chambre de commerce a rappelé que
mon grand-père avait créé la théorie des débouchés;
qu'il a démontré que les produits s'échangent contre
les produits et que la meilleure manière d'avoir des
exportations était de faire beaucoup d'importations.
Mais ce n'est pas la théoric scientifique des débouchés
qui m'occupe en ce moment, c'est ce que j'appellerai
la politique des débouchés.

Il y a une tendance malheureuse chez un certain
nombre d'esprits à se désintéresser de ce qui se passe
au delà de nos frontières; c'est là une erreur déplora-
ble, qui pourrait conduire à la diminution de la France :
la France est grande, en effet, à l'intérieur et à l'exté-

rieur; si nos relations commerciales diminuent, la France diminuera également.

Je n'entends pas dire qu'il faille soutenir le prestige de la France par des expéditions militaires intempestives et périlleuses, mais nous devons avoir une politique coloniale très ferme et très nette. Nous devons faire respecter par nos rivaux nos droits et nos intérêts; nous devons assurer une protection efficace à nos nationaux partout où ils portent le nom, les goûts, la langue et les idées de la France. (*Applaudissements prolongés.*)

Il y a des Cabinets qui peuvent tomber et d'autres qui peuvent se former sur ces graves questions. (*Applaudissements.*)

Il faut que l'on sache que nous soutiendrons les Cabinets qui s'occuperont de ces questions et que nous ne soutiendrons pas ceux qui les abandonneraient. Nous soutenons le Gouvernement actuel parce que nous espérons qu'il défendra énergiquement nos intérêts coloniaux dans le nord de l'Afrique, qu'il consolidera notre protectorat en Tunisie, qu'il le maintiendra dans les mers de l'Extrême-Orient. (*Vive approbation.*) Voilà, Messieurs, ce que je tenais à vous dire sur la politique des intérêts économiques; mais, avant d'abandonner la parole, permettez-moi de vous remercier de l'accueil sympathique que vous m'avez fait en me rattachant à vous par le souvenir de mon aïeul. Je me rappelle que je me dois aux intérêts lyonnais, je suis un des vôtres, et, ce que je disais hier à mes amis de la Société d'économie politique, je vous le répète à tous : formez un bataillon serré qui porte très haut le drapeau de la liberté commerciale; laissez-moi m'enrôler dans ce bataillon lyonnais, considérez-moi comme un de ses soldats. (*Bravos et applaudissements prolongés.*)

FIN

PARIS. — IMPRIMERIE CHAIX, 20, RUE BERGÈRE. — 7090-3.